[N°. 3.]

PRINCIPES GÉNÉRAUX

SUR LESQUELS

DOIVENT ÊTRE FONDÉS EN TOUT PAYS

LES ÉTABLISSEMENS

POUR LES PAUVRES.

Traduit de l'Allemand;

De BENJ. THOMSON, comte DE RUMFORT.

Et publiés par ordre du Ministre de l'Intérieur.

A PARIS,

De l'Imprimerie de Henri AGASSE, rue des Poitevins, n°. 18.

AN 7 DE LA RÉPUBLIQUE.

PRINCIPES GÉNÉRAUX

SUR LESQUELS DOIVENT ÊTRE FONDÉS EN TOUT PAYS LES ÉTABLISSEMENS POUR LES PAUVRES.

CHAPITRE PREMIER.

Apperçu général du sujet. — Situation misérable des pauvres. — Ce n'est point par des lois que l'on remédie aux besoins des pauvres. — Ce n'est que de l'assistance volontaire des citoyens humains et bienfaisans que l'on doit attendre des secours efficaces. — Moyens d'assurer ces secours. — Réponse aux objections relatives aux dépenses. — Mesures pour ébaucher un plan de secours pour les pauvres.

Quoique les principes généraux sur lesquels est basé l'établissement des pauvres dans la ville de Munich soient très-recommandables, et quoique l'on trouve dans la premiere section de cet ouvrage tous les détails relatifs à chaque partie de cet établissement, j'ai cru nécessaire de revenir de nouveau sur cette matiere qui s'y trouve souvent interrompue et mêlée à d'autres objets, de maniere que le lecteur ne saisirait qu'avec peine le véritable point de vue, et l'ordre méthodique dans lequel je desire lui présenter mes observations. Je reviens donc de nouveau à mon objet; je tâcherai d'exposer les résultats de mes observations d'une maniere concise, méthodique, et telle que le sujet l'exige.

L'expérience que j'ai acquise pendant que je me suis occupé à remédier aux besoins des pauvres, à les arracher à la paresse et au vice, et à les accoutumer insensiblement à une industrie utile, paraît me donner le droit de parler de mon objet avec une sorte de confiance.

Au lieu de répéter ici ce qui a été dit dans la premiere section sur l'établissement des pauvres à Munich, je présenterai mes observations ultérieures comme un recueil d'exemples, en faveur des personnes qui dans d'autres pays veulent s'occuper d'établissemens semblables : quoique mon systême soit basé sur les expériences favorables, qui ont été faites à Munich, comme on peut s'en convaincre en parcourant la premiere section, je changerai à plusieurs égards mon premier plan, à cause de la différence que les localités peuvent rendre indispensable, toutes les fois que dans d'autres pays on voudra imiter une institution de cette espece.

Avant d'entrer dans quelques détails, il me paraît nécessaire de donner un apperçu général de l'objet que je traite, et d'examiner les bases sur lesquelles doivent être fondés les établissemens pour les pauvres dans tous les pays. Je jetterai en même tems un coup d'œil sur les difficultés, qui dans l'opinion de plusieurs personnes, s'opposent à de pareils établissemens, et je tâcherai de prouver, que ces difficultés ne sont point, à beaucoup près, insurmontables.

Ce degré de pauvreté, qui met l'individu dans l'impossibilité absolue de se procurer les besoins de la vie, sans le secours de la bienfaisance publique, est sans doute l'excès de l'infortune. L'individu qui se trouve dans cette position, se voit non-seulement en proie aux plus grands malheurs physiques, aux douleurs et aux maladies; mais il se trouve en même tems exposé à l'humiliation et au désespoir, compagnons inséparables de cet état. Outre cela, ce malheur est toujours sans remede; car les secours ordinaires, au lieu de l'adoucir, ne font que l'irriter davantage. L'unique soulagement que l'on puisse procurer à un être aussi malheureux, il ne faut l'attendre que des soins bienfaisans des véritables amis de l'humanité. C'est le seul baume qui puisse adoucir la douleur d'un cœur ulcéré, ou l'inquiétude d'une ame frustrée dans ses espérances et aigrie par l'adversité. On voit par conséquent, que dans aucun pays les lois, même les plus sages, ne viendront jamais à bout de soulager efficacement les pauvres, sans l'assistance volontaire des citoyens. Sans doute, la loi peut ordonner des impôts destinés au soulagement des pauvres; mais cette attention vigilante dont on ne peut se dispenser à leur égard, toutes les fois que l'on desire rendre meilleur le pauvre vicieux, ou consoler et relever celui qui est au désespoir; enfin cette bienveillance affectueuse et sympathique, si consolante pour le malheureux, est-ce des lois qu'on doit l'attendre? Je pourrais de mon côté prouver, que chaque fois que l'on a employé la force des lois dans des cas semblables, on a toujours manqué le but que l'on se proposait (1).

Mais, puisqu'il ne faut attendre que de la bienfaisance et des secours volontaires des individus,

(1) La seule démarche qu'un gouvernement dirigé par les lois de la nécessité et de la prudence, ait à faire, dans un pays où l'on desire créer une institution pour les pauvres, c'est de recommander au public un bon plan, et d'abolir ou de modifier les lois qui s'opposent à son exécution.

l'assistance capable de soulager le malheur des pauvres, le seul remede propre à guérir les maux sans fin, que causent à la société l'état de mendiant, la paresse, la pauvreté et l'avilissement de la derniere classe du peuple; puisqu'on n'a droit de s'attendre à une pareille assistance de la part du public, que dans l'hypothese où l'on aura obtenu une confiance sans bornes, soit en vertu des sages mesures que l'on aura adoptées, soit à raison du zele et de la probité des personnes parfaitement désintéressées, auxquelles on aura confié la direction de l'établissement; il est évident que, dans l'exécution d'un plan de ce genre, tout dépend des moyens qu'on aura employés, pour *captiver la confiance* du public. Ce n'est que sur cette base que l'on peut asseoir d'une maniere solide un pareil établissement.

Les moyens les plus sûrs pour arriver à ce but sont : 1°. d'engager des hommes d'un caractere respectable à se mettre à la tête de cette entreprise; 2°. de confier surtout la gestion des détails à des personnes de la bonne bourgeoisie, tels que des négocians aisés, des peres de familles recommandables par leur probité et leur philantropie (1); 3°. de faire contracter à toutes les personnes qui se

(1) Ce point est de la derniere importance, et c'est de-là que dépend en grande partie le succès de l'entreprise.

chargent de gérer les affaires de l'établissement, l'engagement de travailler sans salaire ni récompense quelconque; 4°. de publier à des époques fixes un compte exact et vérifié des revenus et des dépenses de l'établissement, pour ne laisser au public aucun doute sur l'emploi des sommes reçues en faveur des pauvres; 5°. de faire imprimer la liste alphabétique des pauvres qui ont obtenu des secours pécuniaires. Cette liste doit comprendre le nom, l'âge, l'état et la demeure du pauvre, ainsi que la somme qu'il aura reçue toutes les semaines; au moyen de cette précaution, l'on se mettra à l'abri des soupçons relativement à l'emploi des sommes accordées, et le public se trouvera en état de prendre dans la demeure du pauvre même des renseignemens sur sa position; 6°. de mettre promptement en exécution le plan proposé, moyen sûr de gagner la confiance du public, et de s'assurer les secours pécuniaires pour la suite.

Rien de plus désastreux pour la société, que ces essaims de mendians qui parcourent le pays. Les inconvéniens qui en résultent sont si généralement sentis, et pesent si fort sur chaque individu, que la destruction d'un tel fléau doit produire la plus vive impression sur tous les états, et les engager à favoriser une entreprise qui non-seulement vient au secours du malheureux, mais qui contribue singuliérement à la gloire et à l'honneur de la nation. Et même dans les pays, où les pauvres n'osent pas demander publiquement l'aumône, leur détresse doit affecter tous ceux qui ont un cœur sensible, et je me plais à croire que personne ne sera assez endurci, pour ne pas voir avec plaisir qu'on cherche à secourir efficacement l'humanité souffrante.

La plus grande difficulté qui s'oppose à l'exécution de mon plan de soulager les pauvres et d'abolir la mendicité, par le moyen des contributions volontaires, réside dans l'opinion généralement reçue, qu'un semblable établissement exige des sommes très-considérables. Mais pour écarter cette difficulté, il me suffira de prouver qu'un plan sagement conçu, tendant à soulager le véritable pauvre, à procurer au désœuvré et au paresseux une occupation utile, au lieu d'être dispendieux, finit par devenir une source d'épargnes, non-seulement pour le public en général, mais pour chaque citoyen en particulier. Les pauvres qui extorquent leur subsistance, à l'aide de la mendicité ou du vol, ne sont-ils pas de fait entretenus par le public? Et cet entretien n'est-il pas infiniment coûteux pour chaque individu, outre qu'il compromet fortement la sûreté publique? Cette observation est applicable à tous les pauvres.

Le pauvre qui languit dans la misere, est toujours hors d'état de se procurer les choses de premier besoin, à aussi bon marché que la classe plus aisée. Or on peut tirer le plus grand bénéfice de cette faculté d'économiser les dépenses dans un établissement tel que je le propose. Ajoutons à cela, que la plus grande partie des pauvres, tant ceux qui demandent l'aumône, que ceux qui ne s'adonnent point à la mendicité, peuvent y trouver des occupations utiles. En supposant que ces deux sortes de pauvres ne pussent se procurer par leur travail que la moitié de ce qu'il leur faut pour vivre, le public y gagnerait déjà la moitié des frais de l'entretien. Avec un peu d'ordre et d'économie, ces frais pourraient encore être diminués de beaucoup. Si les habitans des grandes villes où la mendicité est encore tolérée, s'engageaient seulement à fournir annuellement la moitié des sommes que les mendians leur extorquent; ce capital suffirait, ce me semble, à l'entretien de tous les pauvres, pour peu que la gestion fût conduite avec l'intelligence nécessaire.

Le nombre des pauvres mendians, ainsi que des pauvres recevant des aumônes, dans la ville de Munich, y compris les fauxbourgs, est de plus de 1,800 personnes. Tous ces pauvres sont actuellement entretenus par une contribution volontaire des habitans. Plusieurs personnes de marque, et dont la probité m'est connue, m'ont cependant assuré que jadis, les sommes que les mendians arrachaient annuellement aux habitans, sans parler des fondations pieuses, étaient triples de ce que coûte l'entretien du nouvel établissement. Je considère cet aveu comme étant de la plus grande importance; car je sais que plusieurs habitans respectables de Munich ont refusé de prendre part à cet utile établissement, d'après l'unique prévention qu'il exigeait des frais immenses. Je ne souhaite rien avec plus d'ardeur que de dissiper tous les doutes qui pourraient s'opposer à l'exécution d'un plan aussi intimement lié avec l'intérêt de l'humanité.

Dans toutes les entreprises, que de simples particuliers veulent mettre en exécution par leur propre activité, et sans l'intervention du gouvernement, on remarque toujours au commencement une certaine lenteur, une espece de gaucherie très-embarrassante, et qu'il est très-difficile d'éviter. Toutes les personnes qui se chargeront d'un établissement pour les pauvres d'après mon plan, éprouveront comme moi les mêmes inconvéniens; je les engage à ne point se laisser rebuter par ces premiers obstacles, qui certainement ne sont pas difficiles à vaincre.

Lorsqu'on veut introduire un plan quelconque, d'après lequel on se propose de fonder un établissement pour les pauvres, que les fonds proviennent d'une souscription volontaire, ou soient fournis par un impôt, il est toujours instant que les auteurs ou les protecteurs de l'entreprise, informent le public par des avis officiels, des mesures qu'ils ont adoptées pour sa réussite, du desir qui les anime de contribuer au bien général, et de la maniere dont chacun pourrait concourir à l'exécution de ce plan.

Il y a, je crois, peu de villes en Europe, où l'état des pauvres pût autoriser un appel au peuple, tel que celui qui eut lieu à Munich, lorsqu'on y fit arrêter tous les mendians dans les rues. Je suis cependant persuadé que dans plusieurs cas, un appel de ce genre serait d'une grande utilité; il faudrait seulement le modifier ou l'adapter aux circonstances et aux localités de chaque ville. Relativement aux secours que le public veut bien accorder aux pauvres, il est essentiel de prendre toutes les mesures possibles, pout qu'il ne soit inquiété en aucune maniere, lorsqu'on voudra mettre en exécution le plan proposé. Malgré toute l'attention que l'on portera sur cet objet, il se présentera souvent des choses qu'il faut soigneusement éviter, si l'on ne veut pas voir échouer ce plan lors de son exécution. Il est essentiel d'inviter le public, à ne plus donner d'aumônes aux pauvres. Rien ne serait plus injuste et plus tyrannique, que d'empêcher les hommes bienfaisans de secourir les pauvres; mais comme la maniere dont on fait ordinairement l'aumône aux mendians, favorise immédiatement la paresse et la dépravation des mœurs, en décourageant le pauvre industrieux; on ne saurait insister trop fortement auprès du public, pour qu'il se défasse d'une habitude qui a des suites extrêmement pernicieuses pour la société.

Il faudrait engager tous ceux qui se sentent disposés à secourir les pauvres, à remettre leurs dons aux préposés de l'établissement, attendu qu'ils sont censés connaître leurs besoins mieux que personne. Mais si quelqu'un desirait dispenser lui-même ses secours, il faudrait au moins l'inviter à ne donner des aumônes qu'à des pauvres dignes de cette charité, et à ne point entraver par une bienfaisance mal entendue, les mesures qu'un établissement public pourrait avoir prises à cet égard. Mais avant d'entrer dans de plus grands détails, il me paraît essentiel de déterminer plus particuliérement l'étendue, ainsi que les limites d'un établissement pour les pauvres, et de quelle maniere on doit diviser une ville en districts, pour en faciliter la formation.

CHAPITRE II.

Etendue d'un établissement pour les pauvres. — Division d'une ville en districts. — De quelle maniere on doit gérer les affaires dans un pareil établissement. — Nécessité de faire numéroter toutes les maisons dans les villes où l'on veut en former.

SELON moi, chaque ville, quelque grande qu'elle soit, ne doit avoir qu'*un seul établissement de ce genre*, *une seule députation*, chargée de la gestion des affaires, ainsi qu'un seul caissier, ou agent comptable. Cette unité est essentiellement nécessaire, car, lorsque toutes les affaires se réunissent en un seul point, lorsque la gestion des affaires n'est confiée qu'à une seule direction, et que tout se réunit à un centre unique, la marche des affaires devient bien moins pénible et rencontre moins d'entraves. Outre cela, les richesses, ainsi que la pauvreté et la misère, se trouvent souvent dans les divers quartiers d'une même cité, réparties d'une maniere très-inégale. On voit souvent dans les grandes villes, des districts qui comparativement aux autres, n'ont que très-peu de pauvres, tandis que d'autres moins opulens s'en trouvent surchargés. Or, je ne vois point de raison pour laquelle un pere de famille serait tenu de payer une plus forte somme pour l'entretien des pauvres, parce qu'il demeure dans tel ou tel autre quartier de la ville. On peut ajouter à cela, que dans la plupart des grandes villes, il existe certains quartiers où la pauvreté a pour ainsi dire établi son quartier général; et à cet égard il serait absolument impossible que les habitans d'un tel quartier fussent seuls chargés de l'entretien de leurs pauvres. Partout où ce cas se présente, l'entreprise sera inexécutable, non-seulement, parce que les mesures tendantes à détruire la mendicité, doivent être également observées dans toute la ville, mais surtout parce qu'on ne pourrait se passer des sommes que l'on reçoit des quartiers plus opulens. La ville de Munich nous fournit à cet égard un exemple frappant. Un des plus grands districts de cette ville, nommé *Aue*. (la Prairie), reçoit annuellement de la caisse des pauvres, une somme vingt fois plus forte que n'est celle dont elle contribue pour sa part à l'entretien des pauvres. Cependant, les autres districts de la ville n'ont jamais regardé comme injuste, que les pauvres de l'*Aue*, eussent part comme les autres districts, à la distribution des sommes données par la caisse générale.

Il faut que chaque ville, selon son étendue, soit divisée en plusieurs districts, et que ces derniers soient subdivisés en petits arrondissemens. Il faudrait que chaque arrondissement eût un comité d'inspection ou bien un inspecteur des pauvres, assisté de quelques personnes, auxquelles on pût confier sans restriction, l'inspection et la gestion des affaires. Pour faciliter l'administration de l'établissement dans les grandes villes, il serait peut-être utile de subdiviser encore les petits arrondissemens en différentes sections; mais il faudrait alors que ces mêmes sections fussent surveillées par des comités particuliers.

La méthode la plus naturelle et la plus convenable de diviser une grande ville, sous le rapport d'un établissement pour les pauvres, serait une division générale d'après les paroisses.

Chaque paroisse pourrait être subdivisée en districts, dont chacun comprendrait une population de trois ou quatre mille habitans. L'inspection immédiate, ainsi que la direction des affaires relativement aux pauvres de chaque paroisse, pourrait être confiée à son comité d'inspection; il faudrait cependant que la députation générale de l'établissement, eût sur tous ces comités le droit de révision,

révision, et que ces derniers n'eussent pas le pouvoir de lever sur les habitans de la paroisse des sommes quelconques, soit par souscription, soit d'une autre maniere; il leur doit être également interdit de disposer en aucune maniere des fonds destinés à l'entretien des pauvres, excepté dans les cas de derniere urgence. Les comités des paroisses ne pourraient faire aucune innovation ni changement dans la gestion qui leur est confiée, sans y être autorisés par la direction supérieure. La réussite de l'entreprise, et la solidité d'un pareil établissement, dépendent absolument de l'uniformité que l'on mettra dans la maniere de traiter les pauvres et les affaires qui les concernent.

Par la même raison, il faut que toutes les sommes qui ont été recueillies dans les paroisses, ne soient ni déposées entre les mains des comités, ni distribuées par eux, mais versées dans la caisse générale des pauvres, qui en tiendra un compte exact. Les sommes nécessaires à l'entretien des pauvres de chaque paroisse, ne peuvent être tirées de la caisse générale, que d'après une ordonnance de la direction supérieure.

Quant aux secours que l'on accordera individuellement à quelques pauvres, les demandes en seront faites au comité de la paroisse, par l'inspecteur de l'arrondissement; dans les cas où il n'y aura point d'urgence, ou lorsque les pauvres demanderont des secours continués, le comité de paroisse en fera son rapport à la direction générale, qui prononcera sur cette demande. Ce n'est que dans les cas très-urgens que l'on doit autoriser les comités de paroisses, et même les inspecteurs des districts, à fournir des secours aux pauvres. Pour cet effet, on peut leur avancer une certaine somme dont ils seront tenus de justifier l'emploi.

Pour que l'assemblée supérieure soit exactement instruite du véritable état des indigens qui réclament son assistance, il est nécessaire que chaque demande de ce genre, présentée par les comités des paroisses, ou les inspecteurs des districts, soit accompagnée du détail exact de la véritable position du suppliant. L'inspecteur du district y ajoutera ses observations, relativement à la somme que l'on pourra accorder par semaine, ou à telle autre espece de secours qu'il jugera nécessaire. Pour épargner à ces inspecteurs de trop longues descriptions, il conviendra de leur fournir des tableaux imprimés, qu'ils rempliront au besoin. De pareils tableaux seront encore de la plus grande utilité dans tout ce qui a rapport à l'administration des pauvres.

Pour ce qui regarde l'intérieur, ainsi que le personnel de la direction supérieure et des comités des paroisses, il est nécessaire pour le maintien de l'ordre et de l'harmonie dans l'établissement, qu'il y ait au moins un membre de chaque comité de paroisse, qui ait séance et droit de voter dans l'assemblée de la direction supérieure. Pour que tous les membres de ces comités fussent en même tems instruits de l'état véritable de cette institution, il serait également nécessaire qu'ils assistassent à tour de rôle, aux délibérations de la direction supérieure. Pour les mêmes raisons, il serait convenable d'inviter les inspecteurs des districts, à se trouver aux conférences des comités de paroisses ; au cas où ceux-ci ne tiendraient point d'assemblées, ils seront également admis aux séances de l'assemblée supérieure. (1)

Ce ne serait pourtant que pour les très-grandes villes, que je proposerais des comités de paroisses. Pour les villes, dont la population ne passe pas cent mille habitans, il me paraît plus convenable de les diviser en un certain nombre de districts, sans

---

(1) A Munich, cette mesure a eu des suites très heureuses. Les inspecteurs flattés de cette marque de distinction, ont prouvé le plus grand zele dans la place importante qu'ils occupaient. Il faut encore remarquer que la place d'un inspecteur de districts est de la plus grande importance.

égard pour les limites des paroisses, et de faire administrer l'établisssment par une seule direction. Ce fut d'après cette méthode qu'on procéda à Munich; son exécution fut très-facile et produisit les plus heureux résultats; aussi ce n'est qu'avec une sorte de méfiance, que je propose un nouveau plan, que l'expérience n'a point encore sanctionné.

Lors même qu'une ville sera divisée en districts, il sera toujours nécessaire de faire numéroter toutes les maisons, et de dresser une liste générale des habitans. L'utilité de cette mesure est trop évidente pour avoir besoin de preuves. C'est pour ainsi dire le premier pas à faire, lorsqu'il s'agit d'asseoir un plan pour le soulagement des pauvres. On sent qu'il est essentiel de connaître non-seulement les noms et les demeures des personnes qui concourent à son exécution par des souscriptions volontaires, ou par d'autres moyens, mais encore l'habitation et le nom des pauvres qui reçoivent les aumônes. Cette mesure est tout aussi indispensable pour une petite ville que pour la plus grande.

Dans plusieurs circonstances, les lois du pays où l'on veut former un établissement pour les pauvres, ou certains usages, souvent plus puissans que les lois, peuvent exiger des modifications qu'il est impossible de prévoir. Mais les principes fondamentaux, sur lesquels tout plan sagement conçu doit être établi, me paraissent invariables et sûrs. Lorsqu'on aura bien saisi ces principes, il ne sera pas très-difficile d'adapter ce plan aux cas particuliers, sans y faire de changemens essentiels.

CHAPITRE III.

L'administration générale d'un établissement pour les pauvres, présente de grandes difficultés. — De la meilleure maniere de conduire les affaires courantes. — Utilité des tableaux imprimés. — Des qualités principales des personnes qui se trouvent à la tête d'un tel établissement. — Importance de cet objet. — Inhumanité et inconvénient de livrer les pauvres à des hommes qui n'ont aucun égard, aucun attachement pour leurs concitoyens indigens. — Désignation des personnes spécialement appelées à proposer un plan tendant à soulager les pauvres, et qui lors de l'exécution peuvent rendre des services essentiels.

A QUELQUE nombre que l'on porte les divisions d'une ville, et quelque multipliés que soient les comités chargés du soulagement des pauvres, il sera toujours de la premiere importance que les personnes auxquelles on aura confié la direction des secours soient des hommes d'une probité reconnue ; car une droiture à toute épreuve, est tout aussi nécessaire au directeur d'un tel établissement, que l'est le courage à un général d'armée. J'insiste d'autant plus sur ce point, que tout mon plan n'est fondé que sur une contribution volontaire des citoyens, et que pour le voir prospérer, il est nécessaire que le public ait une entiere confiance dans les personnes qui doivent le mettre à exécution. On pourrait encore ajouter à ce que je viens de dire, que dans presque tous les pays où il existe de pareils établissemens, l'administration des fonds qui leur sont destinés, doit être conduite de maniere à prouver l'utilité des regles de prévoyance que je propose, afin de captiver la confiance du public.

L'observation importante que je viens de faire, et qui consiste à ne mettre à la tête de ces établissemens que des hommes d'une probité reconnue, a surtout pour objet d'engager les personnes riches et tout le public à venir au secours de l'institution. Un motif non moins important, de n'admettre pour la gestion des affaires de notre établissement, que des hommes d'un caractere respectable, c'est le bon effet qu'un pareil choix doit produire sur l'esprit et la moralité des pauvres.

Des hommes tombés dans l'indigence et devenus

l'objet de la charité publique, dont l'ame est comprimée par le malheur, dont toutes les espérances se trouvent frustrées, se voient alors sous la dépendance de ceux auxquels leur entretien est confié. Se sentant pour ainsi dire séparés du reste de la société, et privés d'un avenir plus heureux, ils deviennent naturellement mécontens, bourrus et méfians, non-seulement entr'eux, mais encore à l'égard de leurs supérieurs. Un traitement doux, et l'attention la plus vigilante à tout ce qui peut adoucir leur situation, est donc essentiellement nécessaire pour empêcher qu'ils ne se sentent plus malheureux. Or, rien n'est plus capable de calmer et de relever l'ame de ceux qui se trouvent dans une position aussi désastreuse, que de se voir sous la protection et la conduite des personnes, dont la douceur, l'humanité et la probité, commandent pour ainsi dire l'amour et le respect, malgré la défiance à laquelle ces pauvres sont presque toujours enclins.

Quiconque a étudié la nature de nos inclinations, observé les circonstances dont dépend souvent notre bonheur, a dû se convaincre qu'il faut que notre ame possede un objet, sur lequel elle puisse diriger ses plus tendres affections; qu'il lui faut un être auquel elle puisse s'attacher, qu'elle puisse estimer, aimer et révérer. Or, ce besoin ne se fait jamais sentir plus impérieusement, que dans le moment du malheur et du découragement, et lorsqu'il ne nous reste aucune espérance d'un avenir plus heureux, et qui puisse exciter notre activité.

Le sort des pauvres, surtout de ceux qui jadis possédaient une honnête aisance, ou qui occupaient dans la société un poste honorable, dont ils ont été privés par des circonstances malheureuses, est infiniment plus à plaindre qu'on ne pense, même malgré tout ce qu'on pourrait faire pour eux; et en réfléchissant sérieusement sur leur position, on doit se convaincre qu'on ne saurait trop faire pour adoucir leurs souffrances et leurs malheurs.

L'espérance est un remede tout-puissant contre les malheurs ordinaires de la vie humaine. Mais quel remede peut-on employer contre un mal qui ôte même l'espérance? Que peuvent attendre ceux qui se trouvent pour ainsi dire bannis et séparés du reste des hommes, qui n'ont plus aucune part aux affaires de la société? Enfin, quel intérêt peuvent prendre de tels malheureux, à tout ce qui excite dans les autres une énergie puissante, comme les places, les marques de distinction, la gloire et les propriétés, objets d'une ambition très-permise, et qui contribuent essentiellement au bonheur de l'homme, en lui présentant une perspective riante, et l'espoir d'une jouissance future? Tous ces objets ne sont pour le malheureux que de vains noms, et même de nouvelles sources de regrets et de mécontentement. Qu'elles doivent être terribles, les ténebres qui obscurcissent l'ame, lorsque l'espérance, cette lumiere céleste, et dont les rayons bienfaisans l'éclairent et la rendent active, se trouve à jamais anéantie!

Je sais qu'il existe beaucoup de pauvres, dont la paresse, la vie dissolue et d'autres habitudes vicieuses les ont conduits à la misere et à l'indigence; qu'ils sont un véritable fléau pour la société, et tellement abrutis et misérables, qu'ils ne sentent même plus le malheur de leur position. Mais de tels individus sont des êtres à plaindre, que le véritable philantrope considere avec compassion. Certainement ils sont bien malheureux d'être si vicieux, et c'est pour cette raison que rien ne doit être épargné, pour les rappeler à la vertu. Le moyen le plus sûr d'y parvenir est un traitement doux, exercé par des hommes dont le caractere puisse leur inspirer du respect et de l'attachement.

Je crains de m'être appesanti trop long-tems sur ce point. Mais pénétré de l'importance du sujet, je me suis vu entraîné malgré moi. Le soin des pauvres est à mes yeux un objet très-sérieux et très-important; je le considere comme un des devoirs les plus sacrés de la société, dont la providence a chargé l'homme immédiatement, et qu'il ne saurait négliger sans se rendre coupable.

J'espere, que ce que je viens de dire sur les qualités nécessaires aux personnes qui veulent se charger du soin des pauvres, ne détournera pas les citoyens bien intentionnés de faire connaître leurs vues sur la meilleure administration de cet établissement, et d'y prendre même une part active. Les qualités que l'on demande, comme la probité, un caractere doux et compatissant, enfin un cœur bon et généreux, sont de telle nature que chacun ose y prétendre sans être taxé de vanité. S'il est une occasion, où l'on puisse desirer que des individus retenus par la timidité, ou par la modestie, s'en dépouillent pour s'exposer aux regards du public, c'est dans une pareille circonstance où ils sont à même de concourir efficacement à une entreprise, essentielle au bien-être et à la prospérité de la société.

On dit communément qu'*une affaire dont tout le monde se mêle, n'est faite par personne*; mais il est prouvé par l'expérience, que beaucoup de projets concernant le bien public, ont été négligés, parce que personne n'a eu assez de courage pour se mettre en avant et commencer l'entreprise. Plusieurs plans pour le soulagement des pauvres, parfaitement bien conçus et sagement combinés, ont éprouvé le même sort, et c'est ce qui pourrait encore arriver à l'avenir. J'assure avec confiance, que, quoique dans des établissemens relatifs à la prospérité publique, on doive admettre indistinctement des hommes de toutes les classes, le plan que je présente exige une exception à cette regle. En le mettant à exécution, il est nécessaire que dans le principe on ne place à la tête de l'entreprise que des personnes, qui par le rang et par les relations qu'elles ont dans la société, paraissent les plus propres à l'accréditer; et pour la faire parvenir à un certain degré de prospérité, il sera aussi utile que les mêmes personnes continuent d'y prendre une part active. La nature et le but d'un tel établissement, paraît évidemment exiger les secours des hommes dont je parle, qui sont appelés d'une maniere particuliere à donner l'exemple aux autres. Si l'administration des pauvres intéresse la nation; si la paix et la sureté de la société, ainsi que la gloire et la prospérité de l'Etat en sont inséparables; si les avantages que chaque individu retire de la prospérité publique, sont en proportion du capital qu'il a placé dans le *grand fonds national*, c'est-à-dire en proportion de son rang, de ses propriétés, de ses rapports ou de son influence; et s'il est juste que chacun y contribue selon l'avantage qu'il en tire : il n'est pas difficile de désigner les personnes que leur devoir appelle à favoriser l'entreprise, et à lui donner la premiere impulsion.

Mais les hommes qui possédent de grands biens, et qui occupent les premieres places de l'Etat, ne sont pas tenus d'aider l'exécution d'un plan qui tend à alléger la misere du pauvre, par la seule raison que leur intérêt se trouve plus intimément lié avec celui de l'Etat ; c'est surtout à cause de l'influence qu'aurait leur exemple sur leurs concitoyens, qu'ils contribueront efficacement au succès.

Il est impossible d'empêcher, que la grande masse du peuple, ne soit dominée par l'exemple de ceux qu'elle est accoutumée à considérer comme ses chefs. Or, ceux qui jouissent de cette prérogative, doivent faire servir l'influence que leur position et leurs biens leur procurent, à aider à la prospérité publique. Ceci est un devoir d'un genre particulier, un service personnel, attaché au rang qu'ils occupent dans la société, et qui ne saurait en être séparé.

Mais si c'est un devoir pour les riches de concourir à l'établissement d'une institution pour les pauvres, c'en est un bien plus grand pour ceux qui sont chargés d'enseigner la vertu et la morale, qui prêchent la bienfaisance et l'amour du prochain, et dont le ministere particulier doit aboutir principalement à la conservation de l'ordre et au bien-être public.

S'il y a des hommes appelés par la nature de leurs fonctions, à rechercher les pauvres et les indigens, à adoucir leurs souffrances, et dont le devoir est de concourir de toutes leurs forces à exciter la bienveillance du public, ce sont, sans contredit, les ministres des religions. Il me paraît superflu de m'arrêter à prouver que leur état leur impose ce devoir sacré d'assister le pauvre, d'alléger ses souffrances, et de contribuer à le rendre plus content et plus heureux, en l'accoutumant insensiblement à l'ordre et à l'occupation.

Une autre classe d'hommes, qui par les postes qu'ils occupent, et par la connaissance des lois du pays peuvent devenir très-utiles à l'établissement, sont les magistrats civils. De quelque maniere que soit composée l'assemblée chargée de l'administration des pauvres, je suis d'avis que le premier magistrat de la ville en soit membre.

Mais souvent les hommes qui occupent des places éminentes ont tant d'occupations, qu'il ne leur reste guère de loisir pour se charger d'autres fonctions. En ce cas, il serait nécessaire que chacun de ceux qui prendraient part à l'administration des pauvres, s'associât une personne de son choix qui pût l'assister, et qui serait admise dans l'assemblée. Dans les villes moyennes et dans de très-petites villes ainsi que dans les villages, où l'administration des pauvres n'est pas très-compliquée, les administrateurs n'auraient pas besoin de ces coopérateurs. Dans tous les cas, et même dans les grandes villes, l'administration des pauvres est susceptible d'être très-simplifiée, toutes les fois qu'elle est sagement conduite. La partie qui exige le plus de tems et de travail, est celle qui est relative à l'exécution. Ce travail peut être tellement réparti entre les inspecteurs des paroisses, qu'il ne reste plus rien à faire aux membres de la direction, que de tenir les rênes de l'administration, et de conduire en grand la machine. Une chose à laquelle la direction doit constamment veiller, c'est à l'uniformité dans la marche du travail; car en négligeant ce point, la confusion s'établirait bientôt. Il est très-nécessaire que tout reçoive son impulsion d'un centre commun.

Mais comme l'inspection sur les pauvres, les soins à leur donner quand ils sont malades, la distribution de l'argent qui leur est destiné, leur vêtement ainsi que la collecte des contributions volontaires, doivent se faire par les inspecteurs de chaque arrondissement, et que tout ce qui regarde la nourriture de ces pauvres, sera exécuté par une commission spéciale chargée uniquement de cet objet, les travaux ordinaires de la direction se borneront à une inspection générale sur l'ensemble.

J'ai déjà observé plus haut, que la direction a seule le droit de décider des secours à accorder aux pauvres. Mais comme les demandes qui lui parviendront à ce sujet, seront toujours accompagnées des détails nécessaires, relativement à la situation du suppliant, à la nature et à la quantité des secours qu'il demande, et des attestations des inspecteurs de la paroisse dans laquelle le suppliant est domicilié; le travail se trouvant ainsi tout préparé, les membres de la direction n'auront qu'à décider sur la requête de la personne qui demande, et sur ce qu'on pourra lui accorder.

Ces secours consistent en une certaine somme d'argent que le suppliant recevra toutes les semaines de l'inspecteur de son arrondissement, et que celui-ci tirera de la caisse générale; en une certaine portion de pain; enfin en certains vêtemens. Ou bien les pauvres ne recevront que des bons, sur lesquels ils obtiendront la nourriture, les vêtemens et le combustible; soit de la cuisine publique, soit des magasins de l'établissement, au prix de l'achat, pour les mettre à même de pourvoir aux besoins les plus urgens.

Secourir les pauvres, en leur procurant, dans les

des magasins de l'établissement les choses nécessaires à la vie, à un prix plus bas que celui du marché, est évidemment d'une si grande utilité, que je m'étendrai davantage sur cet objet dans la suite. Quant aux pétitions que les pauvres présenteront à la direction générale, je dois observer qu'il est bon qu'elles soient accompagnées d'un duplicata, de quelqu'espece que soit d'ailleurs le secours réclamé. Et en inscrivant la décision de la direction sur l'original et sur le duplicata, le travail sera infiniment simplifié, et il ne sera pas nécessaire de revenir plusieurs fois sur le même objet.

J'ai déjà fait sentir la grande utilité que l'on retirera des formules imprimées, et je recommande de nouveau leur usage. Ceux qui ne se sont jamais occupés de semblables affaires, auront de la peine à comprendre combien ces formules abregent le travail et facilitent la régularité des opérations. Le grand ordre que l'on observe dans l'établissement de Munich, pour tout ce qui regarde sa gestion intérieure, me paraît principalement dû a l'usage qu'on y fait de pareilles formules.

On en a d'imprimées pour les demandes des pauvres, pour leur réception, leur liste, la désignation de l'état où ils se trouvent, pour les listes des habitans, pour celles des souscripteurs, pour les bons sur le caissier de l'établissement, et pour les états des sommes que les inspecteurs des districts recueillent tous les mois dans leurs arrondissemens. On en a pour le compte des distributions que les inspecteurs font dans des cas urgens; pour les reçus des caissiers; et les livres même où les recettes et les dépenses de l'établissement doivent être consignées, sont aussi imprimés. Il est impossible de donner ici un modele pour la forme la plus convenable à ces imprimés; elle dépend absolument des circonstances locales. On doit toujours exiger que le nom soit de la plus grande briéveté et aussi clair qu'il est possible. Les objets compris dans un seul bulletin, ainsi que les reçus, doivent être exposés de maniere que leur contenu puisse être transporté sans difficulté dans les tableaux ou comptes généraux de l'administration. Quant à leur forme extérieure, il faut qu'elle soit telle qu'on puisse les plier facilement, et qu'elle ne soit point embarrassante pour le dépôt qu'on en fera dans les archives de la direction.

CHAPITRE IV.

De la nécessité de mesures efficaces, pour introduire l'amour du travail dans un établissement destiné aux pauvres. — Moyens d'y parvenir. — Plan pour la nourriture des pauvres.

Un des objets les plus importans dans l'organisation d'un établissement de ce genre, est d'y exciter l'amour du travail d'une maniere efficace. Il est une vérité constante : c'est que tout l'argent, ainsi que tous les autres secours que l'on pourrait donner aux pauvres en forme d'aumône, ne font que nuire et augmenter de plus en plus leur penchant à la paresse et au vice, si l'on néglige de les accoutumer en même tems au travail. Comme le mérite d'une action ne doit être apprécié que d'après le bien qu'elle produit, la bienfaisance d'une nation ne doit point être évaluée sur les millions qu'elle fournira comme impôt pour les pauvres, mais sur la peine et les soins qu'on se donnera, afin d'employer ces sommes d'une maniere profitable.

Les moyens d'occuper utilement les pauvres et de les accoutumer au travail, ayant toujours été considérés comme un des objets les plus importans de l'économie politique, il ne sera peut-être pas superflu de s'y arrêter un peu.

La plus grande faute que l'on ait commise, en essayant d'exciter l'industrie chez les individus qui jusque-là avaient été dominés par la paresse, est d'avoir trop souvent employé des mesures violentes. Ces mesures ont toujours produit un effet contraire à celui qu'on attendait sur les hommes que l'on desirait rendre meilleurs ; car ellls les ont rebutés dès le commencement, et ont excité en eux une aversion bien marquée pour toute espece d'occupation. Des mesures adroitement combinées, peuvent seules ptoduire un bon effet. Dans la maison de travail de Munich, j'ai souvent vu des enfans assis sur des bancs élevés, dans la salle où les autres enfans travaillaient, pleurer amerement, de ce qu'on les empêchait de prendre une part active à cette espece de recréation. Peut-être ces enfans auraient-ils pleuré bien davantage, si on les eût forcés au travail.

« Les adultes ne sont que de grands enfans », et ceux qui sont chargés de les conduire ou de les gouverner, ne devraient jamais oublier cette vérité importante.

La répugnance que l'homme oppose ordinairement à toute espece de contrainte, ou l'obstination avec laquelle il défend sa liberté personnelle et son indépendance dans toutes les situations de la vie, sont au nombre des caracteres les plus marqués de la nature humaine, et ceux qui veulent contribuer avec succès au bien de l'humanité, doivent profiter de cette remarque avec autant d'adresse que de circonspection.

On a souvent prétendu que les pauvres étant vicieux et débauchés, on ne pouvait les ramener à l'obéissance et à l'ordre que par la force. Je prétends au contraire, que les pauvres étant vicieux, il faudrait éviter toute apparence de violence à leur égard, pour ne pas les rendre plus obstinés et plus incorrigibles.

Les piqueurs chargés de prendre et de dompter les chevaux sauvages de l'électeur de Baviere, qui sont abandonnés à eux-mêmes dans les forêts des environs de Dusseldorff, n'emploient jamais la contrainte, pour apprivoiser et rendre dociles ces nobles animaux. Ils s'en approchent peu à peu, en faisant de grands détours, et savent les attirer plutôt par finesse que par force dans les endroits convenables. Ces chevaux sont alors traités avec la plus grande douceur, car l'expérience a prouvé, qu'ils devenaient indomptables et méchans, et qu'ils montraient une haine très-prononcée contre leurs maîtres, toutes les fois qu'on a voulu employer un traitement rigoureux. On me blâmera peut-être de citer l'exemple de ces chevaux. Mais j'avoue, que les moyens que j'ai vu employer par les piqueurs, pour leur inspirer une certaine confiance, et les accoutumer à chérir ceux qui les soignent, m'ont suggéré plusieurs idées, dont j'ai usé dans la suite avec succès.

Mais si l'on veut introduire parmi des êtres vicieux et fainéans l'ordre et l'application, il ne suffit pas toujours d'écarter toute espece de traitement rude et offensant; il faut aussi employer les récompenses, toutes les fois que l'on observe une heureuse réforme dans la conduite.

Il y a cependant des cas où la punition devient nécessaire; mais on ne doit jamais y avoir recours, sans avoir précédemment essayé quel effet produira la douceur. Il faut que le coupable se sente convaincu d'avoir mérité cette punition, et lorsqu'on la lui inflige, il est bon qu'on lui en explique la nécessité. Mais pour atteindre le but qu'on se propose en châtiant le coupable, pour ne pas exciter dans son cœur un sentiment d'animosité ou de vengeance personnelle, et pour lui suggérer des réflexions sérieuses, il est nécessaire de donner à cet acte la plus grande solemnité, d'y paraître détaché de toute passion, et de le faire cesser dès que le coupable donne des marques de repentir et de réforme.

Les récompenses et les châtimens sont les seuls moyens de corriger et de conduire les hommes ; et toutefois ne voyons-nous pas trop souvent ces grands moyens employés d'une maniere peu réfléchie, et sans méthode, d'une façon absolument contraire au but qu'on se propose, ou même pour satisfaire les passions les plus viles ?

On peut attribuer au mauvais usage de ces deux mobiles, tous les désordres de la société; il ne laisse pas de contribuer à augmenter dans plusieurs pays, la pauvreté, la misere et la mendicité. C'est ce qu'on remarque surtout en Angleterre. Cette contrée offre tous les moyens possibles d'occuper utilement la multitude, et d'accroître la population ; la douceur et la fertilité du climat, l'abondance du combustible, le grand nombre de manufactures florissantes, un commerce étendu, plusieurs millions d'arpens de terre en friche, qui attendent la culture, etc. Mais, si au lieu d'encourager l'industrie, au lieu de secourir le malheureux, et celui qui se trouve hors d'état de se procurer de quoi vivre, (les seuls qui aient des droits à notre bienfaisance on applique ces ressources d'une maniere tout-à-fait contraire au bien de la société, en récompensant la paresse, le résultat n'est pas difficile à prévoir; toutes les fois que la fainéantise et l'immoralité seront ainsi récompensées, le nombre des malheureux s'accroîtra, en raison des sommes que les riches consacreront à cet usage, et le vice et l'impudence des mendiants augmentera en même proportion.

L'homme est naturellement enclin à la paresse et à l'inertie; et quoique par l'effet de l'habitude, le travail puisse devenir facile et agréable, quelque difficile, quelque fâcheux qu'il ait paru dans le commencement; je soutiens que l'homme dans quelque situation qu'il se trouve, ne choisira jamais le travail pour le plaisir de travailler. Il n'y a que l'appréhension d'un plus grand mal, ou l'espoir d'une jouissance, qui l'excite à se livrer à une occupation pénible.

Dans l'état sauvage, l'homme n'a qu'un petit nombre de besoins, et peut aisément les satisfaire sans commettre de crime; il n'a donc pas besoin de l'industrie, et son oisiveté même n'est point alors un vice. Mais dans l'état de société, où les hommes sont réunis par agglomérations nombreuses, où l'individu ne se procure les moyens de pourvoir à sa subsistance qu'à l'aide du travail, ou en privant les autres des fruits du leur, l'oisiveté devient un vice d'une espece très-pernicieuse;

il est urgent d'en prévenir les effets, ou de punir ceux qui en sont atteints.

Nous voyons que l'ordre universel qui tient toujours en réserve des antidotes contre les désordres, enfantés par les progrès de la société, en a de même un tout prêt pour la fainéantise, dès qu'elle dégénere en vice. Ce remede parfaitement adapté à la nature du mal, et très-propre à réprimer son ascendant et à prévenir ses funestes suites, est le *besoin*, dont l'efficacité ne manque jamais son but, à moins que la sagesse humaine ne contrarie ses opérations, et n'empêche ses salutaires résultats.

Je me propose d'offrir ailleurs des développemens plus étendus sur les moyens propres à exciter l'amour du travail. Je me contenterai pour le moment de montrer en peu de mots, de quelle maniere on pourrait, même dans des circonstances peu favorables, exécuter avec le plus grand succès, un plan qui aurait pour objet d'abolir la mendicité, et d'introduire l'esprit d'activité parmi les pauvres.

Si je me trouve forcé de prendre un détour pour revenir à mon sujet, on doit se rappeler que lors qu'une force humaine doit vaincre un grand obstacle, il faut avoir recours à une multitude de machines, et que l'on n'atteint son but, qu'en faisant aboutir à un même centre les forces qu'on met en œuvre. On doit également observer, qu'une force méchanique ne saurait produire l'effet qu'on attend d'elle, qu'autant qu'elle est assez considérable, non-seulement pour résister à la force d'inertie, mais encore pour vaincre les frottemens. Il en est à-peu-près de même des forces morales.

L'objet dont il s'agit, de secourir les pauvres, de leur procurer de l'aisance et de contribuer à leur bonheur, en introduisant parmi eux l'esprit d'ordre et de travail, est de nature à être bien accueilli par tous les gens de bien. Mais supposons que la seule conviction de l'utilité ne soit point tout-à-fait suffisante pour vaincre l'inertie du public, et pour le déterminer à s'intéresser activement à l'exécution d'une entreprise de ce genre; dans tous les tems et dans toutes les circonstances, l'homme a toujours un penchant naturel à faire ce qui lui paraît promettre un avantage marqué; c'est ce qui porte à croire qu'un plan utile sera exécuté toutes les fois qu'on le présentera du côté intéressant, qu'on fixera sur lui la curiosité du public.

La conception et l'exécution d'un tel plan, exigent indispensablement une grande connaissance de la nature humaine, et surtout des notions exactes des ressorts, d'après lesquels les hommes agissent selon que leurs facultés ont été plus ou moins cultivées, selon leur plus ou moins grande dépravation. Avec ces connaissances préliminaires, un certain degré de zele, de l'adresse, de l'esprit et de la persévérance, il y a peu de projets de ce genre, qu'un honnête homme ne puisse tenter avec confiance, et qui ne pussent s'exécuter en tout pays.

Dans une ville comme Londres, où existent de grandes richesses, où dominent l'esprit national et le génie des entreprises, où l'on montre beaucoup de zele pour améliorer le bien-être de la société, il suffit, pour engager tous les états à s'intéresser à un projet semblable au mien, d'en démontrer l'utilité générale, et surtout de prouver qu'il n'ouvre aucun accès à la friponnerie.

En proposant au public un plan pour secourir les pauvres, il sera toujours nécessaire de prouver que ceux que l'on invite à y prendre part, indépendamment du plaisir et de la satisfaction qu'il leur procurera, doivent encore en attendre des avantages réels. On ne saurait prendre trop de soins, pour intéresser les citoyens au succès d'un plan qui tend essentiellement à la prospérité générale.

L'exposition du projet suivant, (qui devrait être adopté par quelque homme connu, d'un caractere respectable, et assez courageux pour l'exécuter) jettera encore plus de jour sur mes idées. C'est aux lecteurs à prononcer s'il est bien conçu. Quant à moi, je suis parfaitement convaincu, que son exécution est possible, et si j'avais assez de loisir, je n'hésiterais pas un moment à l'entreprendre.

PROJET

D'UN ÉTABLISSEMENT A FORMER

PAR SOUSCRIPTION, TENDANT A FOURNIR LA NOURRITURE AUX PAUVRES, ET A LES OCCUPER DE TRAVAUX UTILES;

Avec un plan pour fournir aux autres nécessiteux des alimens à bons marché ; suivi des moyens d'introduire et de généraliser l'usage des inventions et des améliorations nouvelles, surtout de celles qui ont trait à l'épargne du combustible, à l'art de ménager la chaleur, ee à divers procédés mécaniques, sources d'aisance et d'économie intérieure ;

PROPOSÉ AU PUBLIC PAR A. B.

« L'AUTEUR de ce projet déclare au public de la maniere la plus solemnelle, que son intérêt particulier n'y entre pour rien, que son unique but est d'être utile, et d'accroître la prospérité et la gloire de sa patrie. Il déclare, qu'il ne recevra jamais aucune espece de paiement, de récompense ou d'indemnité, de qui que ce soit, pour ses services ou pour les soins que l'exécution de ce plan pourrait lui occasionner; il déclare en outre qu'il ne fera naître aucune circonstance, dont il puisse résulter ou pour lui, ou pour ses parens et amis des avantages, gains ou utilité quelconques; il s'engage au contraire personnellement, tant envers le public, qu'envers les souscripteurs, à empêcher que personne trouve des moyens de fraude dans la gestion de cette entreprise, tant qu'il sera chargé de son inspection.

» Le titre de ce projet montre suffisamment les vues qne l'on s'y propose et la variété d'objets qu'il embrasse. Quant à son utilité, il est impossible de la révoquer en doute; il tend essentiellement à accroître l'aisance et le bonheur de la société; et son exécution ne peut qu'honorer la nation, et les individus qui voudront y concourir. Au reste, on ne jugera bien de sa possibilité et de sa facilité, que sur les développemens dont il est susceptible.

» Aussitôt qu'on aura souscrit pour les sommes nécessaires, l'auteur du plan proposera la réunion de vingt-cinq personnes parmi celles qui auront souscrit pour les sommes les plus fortes, à l'effet d'examiner la liste des souscripteurs, et d'élire au scrutin une commission composée de cinq membres, instruits de tout ce qui regarde les bâtimens et la comptabilité; ces commissaires seront particuliérement chargés de recueillir les sommes pour lesquelles on aura souscrit, et de surveiller l'exécution du plan. Ils seront aussi autorisés spécialement à surveiller tous les travaux nécessaires à l'établissement, afin qu'ils soient effectués d'une maniere convenable et à des prix modérés. Tous les traités pour les matériaux, ainsi que les comptes des ouvriers, seront réglés par eux; ils seront également chargés d'ordonner toutes les dépenses et de revoir tous les comptes.

» L'auteur du projet se réserve l'organisation générale de l'établissement, et les détails de ses différentes parties; il se rend personnellement responsable de l'exécution. Il s'engage de même à suivre dans cette gestion, tout ce que renferme le projet, et à ne point s'en écarter, sous quelque prétexte que ce soit.

» Pour la construction d'un bâtiment, on choisira au centre de la ville un emplacement convenable et assez spacieux, dont on fera l'acquisition à un prix modéré. L'achat ou la location de l'emplacement et des bâtimens qui pourraient s'y trouver, sera ratifié et conclu par les commissaires.

» Les différentes parties du projet doivent être exécutées dans l'ordre suivant. 1°. On y établira une cuisine publique qui fournira la nourriture aux pauvres recommandés par les souscripteurs. Les mets que l'on y apprêtera seront de quatre especes différentes ; *a* un potage très-nourrissant fait avec de l'orge, des pois, des pommes de terre et du pain, assaisonné de sel, de poivre et de quelques herbes : une portion de ce potage, du poids d'une livre et demie, coûtera 1 décime de France ; *b*, une portion d'un potage de pois avec du pain grillé, du poids d'une livre et demie, au prix de 18 centimes ; *c*, une portion d'un potage très-nourrissant, fait avec de l'orge, des pois et des pommes de terre, et deux onces de lard coupé en petits morceaux, du poids d'une livre et demie, prix 33 centimes ; *d*, une portion d'un potage avec de la viande, des pommes de terre, des choux ou d'autres légumes, et un quart de livre de pain de seigle, à raison de 5 décimes.

» A côté de la cuisine, on établira quatre réfectoires assez spacieux ; dans chacun l'on ne servira qu'une des especes des potages en question.

» Près de ces réfectoires on fera construire plusieurs autres pieces, qui seront toujours tenues propres. Ces pieces seront chauffées en hiver, et éclairées le soir ; les pauvres qui fréquenteront l'établissement, auront la permission d'y demeurer pendant le jour, et le soir jusqu'à une certaine heure. Il leur sera permis d'y apporter leur ouvrage, on les y excitera même. L'établissement leur fournira peu-à-peu des outils et des matieres premieres, afin qu'ils puissent travailler pour leur compte. Ceux qui se distingueront par leur application et leur bonne conduite, recevront des récompenses et des éloges.

» En construisant les cuisines, on profitera soigneusement de toutes les inventions et améliorations tendantes, soit à épargner le combustible, soit à faciliter et à rendre moins coûteuses les différentes especes de cuissons. Il faut s'attacher à completter, à perfectionner l'appareil mécanique, autant qu'il est possible, afin qu'il devienne un objet d'imitation. On s'empressera également dans la disposition des réfectoires et des autres chambres, d'y placer les foyers, les poëles, et autres méchanismes qui remplissent le mieux le double but d'échauffer le local, et d'épargner le combustible. On choisira pour éclairer la maison, les lampes les plus belles, les plus économiques et les plus solides. En un mot, on réunira dans toutes les parties de l'établissement, une multitude d'inventions utiles et élégantes, pour qu'en attirant la curiosité publique, il il ait sur le bien général l'influence la plus vaste et la plus essentielle.

» Quoiqu'il soit impossible de donner assez d'étendue à un pareil établissement, pour qu'il contienne tous les pauvres d'une ville aussi grande que Londres ; il peut toujours être assez spacieux, pour procurer un asyle commode à un grand nombre d'indigens. Il offrira aux observateurs plus d'une scene attendrissante ; sous ce point de vue, il ne pourra qu'exciter la curiosité publique. On a d'ailleurs l'espérance fondée, que le succès de la premiere tentative, et le but manifeste de l'établissement, qui est d'augmenter le bien-être social, engageront plusieurs personnes à en former de pareils. Il est aussi très-vraisemblable que sa réussite, d'autant moins douteuse que l'on proportionnera son étendue à ses moyens, engagera bien des personnes qui n'auront pas souscrit dans l'origine, à se joindre aux souscripteurs, afin de donner plus de latitude et d'utilité à l'établissement.

» Dans cette hypothese, il serait même possible d'établir en peu de tems, dans toutes les paroisses, des cuisines publiques et des salles de travail subordonnées pour les pauvres laborieux ; ce point obtenu, il n'y aura qu'un pas à faire pour exécuter le plan dans son entier, et pour introduire un système complet de secours en faveur des pauvres. Alors on pourra abolir les taxes dont ils sont l'objet, et elles seront remplacées par des souscriptions volontaires, qui certainement n'auront jamais besoin de s'élever à la moitié de leur produit.

» Il est à propos d'observer, que l'auteur de ce projet n'a jamais eu l'intention de faire de nouvelles demandes à ceux qui auront souscrit une premiere fois; il se propose au contraire de prendre des mesures pour que l'établissement puisse subsister sans secours ultérieurs, au moyen de la juste proportion établie entre son étendue et ses ressources, et graces à sa bonne administration. Si de leur propre mouvement quelques souscripteurs veulent faire des dons à l'établissement, en sus de leurs premieres contributions, on les recevra avec reconnaissance, et on les emploira fidelement aux usages généraux ou particuliers, indiqués par le donateur.

» 2°. Le second point qui doit fixer l'attention, dès que tout ce qui concerne la nourriture et le travail des pauvres sera en pleine activité, c'est un dépôt de toutes les inventions utiles des modernes, principalement de celles qui font partie des ustensiles de ménage, et contribuent à l'aisance et à l'économie domestiques. Un pareil dépôt serait à-la-fois curieux et utile, et concourrait puissamment à introduire une foule d'améliorations précieuses.

» Afin de donner plus d'étendue à ce dépôt et pour le rendre plus utile, on préparera plusieurs pieces où l'on exposera publiquement toutes les nouvelles inventions, tant nationales qu'étrangeres, dont il aura été envoyé des modeles à l'établissement. Pour l'instruction des amateurs et des acheteurs, on joindra à chaque article une étiquette portant le nom et l'adresse de l'inventeur, et le prix de l'objet.

» Si le produit des souscriptions était suffisant pour couvrir les avances qu'un pareil dépôt exige, on ferait exécuter des modeles en petit, des améliorations que l'on peut introduire dans les ustensiles des brasseurs et distillateurs, ainsi que des foyers économiques, destinés à épargner le combustible, et plus commodes que les foyers ordinaires.

» On établira également pour servir de modeles aux familles, des cuisines spacieuses et pourvues de tous les ustensiles nécessaires; afin que ces cuisines ne demeurent pas sans emploi, on fera construire des réfectoires à côté, et l'on engagera des cuisiniers, qui appréteront des repas pour les souscripteurs, ou pour d'autres personnes auxquelles ceux-ci auront cédé leurs droits. Ces repas seront livrés au prix coûtant des denrées et des frais de cuisson, et n'excéderont pas 1 schelling (12 décimes) par tête.

» La cuisine publique destinée à nourrir les pauvres, sera construite et disposée de maniere à servir de modele ou pour les hôpitaux, ou pour d'autres établissemens publics.

» Les frais pour la nourriture des pauvres, seront couverts par la vente des mets, que les particuliers feront prendre dans la cuisine publique. Le prix de ces mets sera fixé de maniere à couvrir exactement les frais dont il s'agit ; ainsi l'établissement se soutiendra par lui-même, dès qu'il sera en pleine activité.

» Des billets de nourriture, (que l'on pourra regarder comme des traites, payables à vue, par la cuisine publique) seront délivrés à tous ceux qui les demanderont, tant qu'on se verra en état de satisfaire à ces demandes. On aura cependant toujours égard, en premier lieu, aux besoins des pauvres qui fréquenteront les salles de travail, ensuite à ceux des pauvres qui seront recommandés par les souscripteurs, et qui se présenteront avec des billets, sur lesquels on leur délivrera sans délai la nourriture indiquée.

» Dès que l'établissement sera en pleine activité, chaque souscripteur recevra en billets de nourriture l'équivalent de l'intérêt à dix pour cent de la somme pour laquelle il aura souscrit. Chaque billet de nourriture, vaudra le prix effectif d'une portion de nourriture prise dans la cuisine publique. A la fin de chaque sémestre, on délivrera de nouveau aux souscripteurs des billets de nourriture de même valeur, et l'on continuera cette opération, jusqu'à ce qu'on ait remboursé à chaque souscripteur la moitié de sa souscription. Le prix de la nourriture que l'on délivrera dans les cuisines, ayant été fixé au taux le plus bas possible, c'est-à-dire, pour le moins à cinquante pour cent meilleur marché que partout ailleurs, les souscripteurs se trouveront à la fin remboursés en entier de leurs avances par les billets de nourriture qu'ils auront successivement reçus; et de cette maniere un établissement public de la plus grande importance se trouvera fondé, sans avoir occasionné la moindre dépense à qui que ce soit. L'auteur du projet se croira amplement récompensé de sa peine par la satisfaction qu'il éprouvera d'avoir rendu un service essentiel à l'humanité.

» Il serait superflu d'observer ici, que quoique les souscripteurs doivent être remboursés en entier de leurs avances par les billets de nourriture, la propriété de l'établissement, avec tous ses accessoires appartiendra soit à eux, soit à leurs héritiers légitimes, et qu'eux seuls auront droit d'en disposer selon leur volonté, et d'y faire les changemens qu'ils jugeront nécessaires. »

Londres, ventôse an 4.

Signé A. B.

Il faudrait faire imprimer ce projet, y joindre un grand nombre de listes de souscripteurs également imprimées, et faire distribuer le tout gratuitement. Pour la commodité des souscripteurs, il conviendrait de faire imprimer ce qui suit en tête d'une demi-feuille de papier dont le *verso* serait divisé en plusieurs colonnes.

SOUSCRIPTIONS

Pour l'exécution d'un plan dont l'objet est de nourrir les pauvres par l'établissement d'une cuisine publique, et de leur procurer des occupations utiles, etc.; proposé par A. B., et développé dans un prospectus imprimé à Londres, ventôse an 4, lequel se trouve ci-joint. Les sommes pour lesquelles on aura souscrit, ne seront perçues, que lorsqu'on sera assuré, que les souscriptions formeront la totalité de la somme nécessaire à l'exécution du projet, sans toutefois exiger des souscripteurs une seconde souscription.

NOMS des Souscripteurs.	Leur domicile.	SOMME souscrite.

Certifié que la présente liste est véritable, et que les personnes y mentionnées ont souscrit pour les sommes qui se trouvent marquées vis-à-vis de leur nom.

Par ( )

Ceux qui se chargent des souscriptions, doivent attester par leur signature la véracité de la présente liste, et l'envoyer ensuite à l'endroit marqué sur le revers.

Un établissement public, tel que celui-ci, doit naturellement exciter la curiosité; cette raison y attirera sans doute beaucoup de monde. Il est même possible, que la foule qui s'y portera devienne telle, qu'on soit obligé de prendre des mesures pour l'admission des curieux. Cependant quelque détermination que l'on adopte à cet égard, elle ne doit jamais regarder les souscripteurs; ceux-ci seront admis, toutes les fois qu'ils se présenteront. Il faudra même leur accorder le droit d'examiner de près les différentes parties de l'établissement, et de se faire donner les renseignemens nécessaires par les inspecteurs et les préposés. Il faut également leur permettre de faire prendre les dessins soit de la cuisine, soit des machines ou ustensiles quelconques dont on fait usage dans la maison.

En se procurant les différentes machines que l'on emploiera dans l'établissement, il faudrait avoir soin de ne choisir que celles qui seront l'ouvrage des plus habiles artistes. Si le nom et l'adresse de l'auteur étaient gravés ou notés sur chaque piece, ce moyen exciterait plus vivement l'émulation parmi les fabricans, et ils s'empresseraient alors de ne livrer que des objets finis et à des prix modérés. Il est même possible, que dans une ville aussi riche et aussi grande que Londres, où regne généralement beaucoup d'esprit public, et de zele pour le perfectionnement des choses utiles, plusieurs commerçans riches se fissent un plaisir de céder *gratis* à l'établissement des objets dont ils font commerce. Les avantages que l'on tirerait de ces dons pourraient devenir très-lucratifs pour l'établissement, pour peu que le tout fût dirigé avec l'intelligence nécessaire.

» A l'égard du traitement que l'on fera éprouver aux pauvres, dans un établissement tel que celui-ci, où ils seront nourris et occupés, je renvoie les lecteurs à mon premier mémoire, où j'ai indiqué la maniere dont on se conduit envers les pauvres dans la maison de travail de Munich ; on verra quels sont les moyens que l'on y emploie, pour les rendre contens, heureux et laborieux.

Dès que le plan projetté sera mis à exécution, et que l'on aura trouvé les moyens nécessaires pour nourrir les pauvres à bon marché, et leur procurer des occupations utiles, il n'y aura plus de grandes difficultés à vaincre pour donner plus d'étendue au projet, et former un pareil établissement en grand, bâsé sur les principes qui viennent d'être exposés dans ce mémoire.

CHAPITRE V.

Des moyens que des personnes riches peuvent employer pour secourir les pauvres de leur voisinage.

RIEN ne favorise autant l'oisiveté et la dépravation des mœurs parmi les pauvres, et ne perpétue davantage les maux qu'engendrent la pauvreté et la mendicité, qu'une distribution mal entendue des aumônes. Il est par conséquent nécessaire, que ceux qui en distribuent, de même que ceux qui proposent des plans pour le soulagement des pauvres, agissent à cet égard avec la plus grande prudence. Dans le cas contraire, les intentions les plus louables produiront plus de mal que de bien. Les mauvais effets qui naissent de l'habitude de donner indistinctement l'aumône aux pauvres, sont généralement reconnus. Mais il me semble qu'on n'est pas également d'accord sur le mal qu'occasionnent les *aumônes particulieres*, distribuées par des personnes charitables. Je suis fort éloigné de blâmer les intentions bienfaisantes de certaines persoanes; je n'insiste que sur une meilleure application de leurs bienfaits.

Sans analyser ici les raisons qui portent certaines gens à faire l'aumône, et sans démontrer en détail les suites pernicieuses qu'entraîne une bienfaisance mal dirigée ; je me borne à indiquer en peu de mots, les moyens que pourraient prendre les riches, pour secourir d'une maniere efficace les pauvres de leur voisinage.

Les secours les plus utiles aux pauvres, sont ceux qu'ils recevront dans un établissement, où on les occupera d'une maniere utile, et où on leur procurera les nécessités de la vie à bon compte ; en un mot, dans un établissement public, semblable à celui que j'ai fait connaître dans le chapitre précédent, et auquel on peut donner autant d'étendue que les localités le permettent.

On pourrait faire un premier essai dans un village ou dans une paroisse. Une petite maison de deux ou trois pieces, servirait d'abord à recevoir quelques pauvres, surtout des enfans. Pour éviter les mauvaises impressions que produirait la dénomination de *maison de travail*, on pourrait l'appeler *école d'industrie*, ou ce qui vaudrait peut-être mieux, *asyle pour les pauvres* ; la maison aurait une cuisine, où l'on préparerait les alimens. Une femme de moyen âge, d'un caractere doux et honnête, serait chargée de la surveillance de la maison ; pour qu'elle fût mieux en état de la conduire, une des conditions serait qu'elle sût écrire et compter. Si les affaires de la maison devenaient trop considérables, on lui associerait une ou plusieurs autres personnes. Dans un établissement plus vaste, il serait peut-être convenable de mettre à la tête de la maison, un couple d'un certain âge et sans enfans.

Quelles que fussent les personnes auxquelles on confierait la direction de l'établissement, il serait toujours essentiel qu'elles fussent d'un caractere irréprochable, pour les mettre à l'abri de toute espece de soupçon de la part des pauvres, surtout de celui de partialité. En effet, rien ne contribuerait davantage à la ruine d'une telle maison, et à rendre nuls les effets salutaires qu'elle pourrait produire, que le mécontentement personnel que manifesteraient les pauvres envers les préposés; il faut donc user de la plus grande circonspection, dans le choix des personnes qui doivent surveiller la maison. Le mieux serait de ne point prendre pour cette place des personnes de l'endroit ou du voisinage, ou qui y eussent des parens, des connaissances ou d'autres liaisons.

Un autre article, auquel on doit bien faire attention dans le choix dont il s'agit, c'est la physionomie et l'extérieur de cette personne; deux choses d'une plus grande importance qu'on ne croit.

Tous ceux qui connaissent la nature humaine, ou qui ont pris garde à ce qui se passe en eux-mêmes, lorsqu'ils voient pour la premiere fois quelqu'un dont la physionomie est frappante, conviendront sans doute avec moi, qu'une personne choisie pour régir une maison destinée à servir de refuge à des malheureux, doit avoir un air ouvert et prévenant, qni puisse inspirer l'attachement et la confiance.

Ordinairément les malheureux sont timides et méfians; or rien ne les découragerait davantage, que le regard dur et sévere des personnes dont ils doivent attendre protection et assistance.

L'extérieur de ceux qui sont destinés à commander aux autres, est d'une très-grande importance, mais principalement lorsque les subordonnés sont des objets de compassion et de charité.

Si plusieurs personnes distinguées se trouvaient domiciliées dans les environs d'une ville ou d'un village, où l'on voudrait former un de ces établissemens ou *asyles*, comme je desirerais les nommer de préférence, il vaudrait mieux n'en former qu'un seul, au lieu de plusieurs. Dans tous les cas, il serait de la plus grande utilité, d'inviter les habitans des environs, de quelqu'état qu'ils fussent,

(excepté ceux qui eux-mêmes sont dans l'indigence), à prendre part à la formation de l'établissement. Car, malgré le peu d'importance apparente des sommes que pourraient fournir des individus peu fortunés, l'invitation de coopérer à une entreprise aussi utile, sera toujours très-flatteuse pour eux, et les petites sommes qu'ils auront fournies, leur donneront jusqu'à un certain point, le droit de considérer l'établissement comme une de leurs propriétés. Par ce moyen ils s'intéresseront vivement à l'entreprise, et ils formeront des vœux pour son succès, chose bien plus importante qu'on ne l'imagine peut-être.

Ce ne serait que d'après les localités que l'on pourrait déterminer jusqu'à quel point les pauvres qui jouiraient des avantages de cet établissement, devraient être exclus des bienfaits publics, tels que les sommes payées sous le nom de taxe des pauvres. Cependant il est indispensable de connaître le montant des sommes que reçoit un pauvre, soit d'un ou de plusieurs établissemens de ce genre, soit de personnes qui donnent des aumônes particulieres, pour savoir s'il ne reçoit ni trop, ni trop peu; deux choses également dangereuses, car l'une ou l'autre étoufferait l'amour du travail, le seul moyen qui puisse véritablement soulager le pauvre, et le mettre à l'abri du besoin et de la misere. On voit encore par-là combien il importe, ainsi que je l'ai déjà dit plusieurs fois, de généraliser, autant que possible, les moyens que l'on destine au soulagement des pauvres.

Pour donner un modele d'établissement d'humanité de peu d'étendue, et qui pourrait même être exécuté par des personnes médiocrement fortunées; je suppose, par exemple, que le propriétaire d'une terre, voulût en former un dans un village voisin; voici comment il doit s'y prendre s'il veut obtenir des résultats favorables.

Il faudrait qu'il commençât par s'aboucher avec l'inspecteur des pauvres et les autres fonctionnaires du village, et par les inviter amicalement à s'intéresser avec lui à l'exécution de son projet. Il leur ferait alors connaître ses vues ultérieures, autant que la prudence et la nécessité le permettraient dans une premiere entrevue. Leur caractere connu, et l'intérêt particulier qu'ils pourraient avoir à favoriser ou à entraver l'exécution de l'entreprise, peuvent seuls déterminer le degré de confiance que l'entrepreneur doit leur accorder.

Il formerait ensuite, de concert avec eux, une liste exacte et aussi complette qu'il serait possible, des pauvres du canton, à qui l'asyle projetté serait particuliérement destiné; on aurait soin de marquer sur ces listes, tout ce qui serait relatif à leur situation

tion et à leurs besoins. On s'épargnerait beaucoup de peine et de soins en se servant pour ce travail de tableaux imprimés, tels que ceux dont on se servait à Munich. Les mêmes tableaux seraient de la plus grande utilité dans tout ce qui regarde l'administration générale ou particuliere, soit pour mettre plus d'ordre et de célérité dans la gestion des affaires, soit pour remédier à la partialité et aux fraudes, dont les employés pourraient se rendre coupables.

Dans ces conférences, il faudrait également s'occuper du numérotage de toutes les maisons du district, et des souscriptions volontaires, auxquelles on tâcherait d'inviter les habitans.

Les listes de souscriptions seraient accompagnées d'un avis imprimé, par lequel on instruirait les habitans, de la nature, de l'étendue et de l'objet du plan projetté; on y ajouterait l'assurance positive qu'aussitôt que l'entreprise serait exécutée, non-seulement les pauvres du canton seraient nourris et placés dans une situation plus agréable, mais qu'on prendrait toutes les mesures nécessaires pour empêcher la mendicité, et qu'en même tems les taxes pour les pauvres, auxquelles chaque habitant se trouve imposé, éprouveraient une diminution considérable.

Le langage de ces avis devrait être énergique et plein de force ; c'est un des meilleurs moyens de fixer l'attention du public, et de lui inspirer de l'intérêt pour une grande entreprise, dont on desire accélérer l'exécution. On inviterait les habitans de tout âge et de tout sexe, à s'inscrire sur la liste des souscripteurs, quand même leur quote-part serait peu considérable. Quelque modiques que pussent être les sommes pour lesquelles souscriraient de pauvres ouvriers, des domestiques et autres, il serait toujours utile de les inviter à souscrire, vu les bons effets que cela produit sur *eux-mêmes*.

Rien ne contribue si fort à améliorer le caractere et à inspirer de bons sentimens, que des actions de bienfaisance et d'humanité. Ceux qui ont senti une fois la noble ambition et le contentement que fait éprouver la certitude d'avoir concouru à diminuer la souffrance du pauvre et à le rendre plus heureux, se garderont doublement de tomber dans la même situation, c'est-à-dire, de devenir eux-mêmes un jour les objets de la charité publique.

Cette considération m'a principalement engagé, lorsque je m'occupais de l'établissement de Munich, et que je réfléchissais sur les moyens de me procurer les sommes nécessaires, à donner la préférence aux souscriptions volontaires sur les taxes.

Les expériences que j'ai eu occasion de faire depuis, ont prouvé la justesse de cette idée. A Munich on engageait non-seulement les ouvriers, les domestiques, mais encore leurs enfans et les enfans des autres habitans, et même les militaires de la garnison, à contribuer à l'établissement; et je crois qu'il n'y a que très-peu d'habitans de cette ville dont les noms ne se trouvent point sur la liste des souscripteurs.

A Munich, la souscription eut lieu par familles, comme je l'ai observé ci-dessus. Cette méthode mérite certainement la préférence sur bien d'autres. Le chef de chaque famille, se donne la peine de recueillir les sommes pour lesquelles les membres de la famille ont souscrit, et de les remettre aux personnes que l'administration envoie faire cette collecte, au commencement de chaque mois. Les noms de tous les membres de chaque famille sont inscrits en entier sur les listes. On délivre à chaque famille deux listes pareilles, dont l'une demeure entre les mains du chef de la famille; et l'autre est remise aux curateurs de l'établissement. Ces listes doivent être imprimées; leur distribution se fait, ou par l'entrepreneur de l'établissement, ou par un de ses principaux domestiques, qui les remet au chef de chaque famille.

Lorsque ces listes seront revenues chez l'entrepreneur, il s'assurera, en les examinant, du montant des sommes sur lesquelles il peut compter, et déterminera en conséquence la somme qu'il veut lui-même y ajouter. Il se trouvera également alors en état de juger, s'il est possible ou utile de réunir l'établissement projetté à un autre établissement déjà existant, et s'il est convenable de s'associer avec les personnes auxquelles la loi a confié jusqu'alors la gestion des affaires des pauvres. Tous ces objets sont très-importans, et déterminent en grande partie le mode d'exécution du plan projetté. Rien ne pourrait au reste s'opposer à l'exécution de ce plan, pour peu que les moyens que l'on choisira fussent employés avec la prudence et la persévérance nécessaires.

Lorsque les personnes qui jusqu'alors auront été chargées du soin des pauvres, ainsi qu'un certain nombre des habitans du village, s'intéresseront avec énergie pour l'exécution du nouveau plan, on pourra espérer de le voir mettre en activité, sans l'intervention du gouvernement. Le nouvel établissement remplacerait alors l'ancien, soit en entier, soit en partie, autant que les circonstances particulieres le permettraient.

Partout où un pareil changement peut avoir lieu, un établissement tel que je viens de le proposer, sera toujours préférable à un établissement d'une moindre étendue, et les hommes qui contribueront à sa formation, auront toujours le mérite d'avoir rendu un service essentiel à leurs compatriotes.

On peut encore soulager les pauvres d'une maniere très-efficace, en faisant des provisions de bois dans le tems où l'on en trouve à bon marché, et en le cédant au prix d'achat dans des tems de disette aux indigens qui en ont besoin. On avait établi à Munich un chantier, d'où les pauvres tiraient leur bois pendant les grands froids, au même prix qu'on l'avait acheté en été, saison où cette marchandise est à très-bon marché en Baviere. Il serait très-facile d'imiter ailleurs ce moyen de bienfaisance, et il pourrait être réalisé, soit par des particuliers, soit par des communes entieres. On pourrait aussi, dans les tems d'abondance, faire provision d'autres denrées; telles que pommes de terre, pois et haricots, et les céder ensuite à bas prix aux pauvres. Dans les tems de disette, ces ressources sont très-précieuses pour les indigens. Il serait superflu d'observer ici, que ces mesures exigent la plus grande précaution, pour empêcher les abus et les fraudes qui pourraient s'y introduire.

Des particuliers peuvent encore rendre un grand service aux pauvres, en leur indiquant la maniere de se procurer dans leurs ménages, plus d'aisance et de moyens d'économie. En effet, rien de plus misérable et de plus mal entendu que l'intérieur d'un ménage de pauvres. Ils paraissent n'avoir aucune idée de l'ordre et de l'économie, et partout où l'on jette les yeux, on n'apperçoit que des objets rebutans. Il est incontestable, qu'avec un peu plus d'ordre et d'arrangement, ils seraient plus à leur aise, et vivraient à meilleur marché. Il faudrait surtout leur faire connaître comment en hiver ils pourraient se chauffer avec plus d'économie, et de quelle maniere ils pourraient épargner le bois, soit en préparant leurs alimens, soit pour faire la lessive.

Il est incroyable, combien de bois on brûle iuutilement dans les différentes occupations de l'économie domestique. Cette espece de prodigalité est surtout très-sensible dans un ménage de pauvres. Leurs foyers sont généralement construits d'après les principes les plus absurdes, et le bois qu'ils consomment, au lieu d'échauffer la piece, la rend au contraire plus froide et plus désagréable, en attirant un courant d'air froid de la fenêtre vers la cheminée. Ils remédieront à cet inconvénient, épargneront plus de la moitié du bois, et se trouveront bien plus chaudement, lorsqu'ils retréciront l'ouverture de la cheminée, exactement au-dessus du manteau, opération très-facile, que chaque maçon peut faire à l'aide de quelques briques et d'un peu de mortier. Pour épargner beaucoup de bois dans la cuisson des alimens, il serait nécessaire de leur faire connaître une espèce de poële ou cuisine portative, dont voici la description. Ce poële ressemble à un pot; il est large du haut pour que l'on puisse y placer commodément une poële ou un chaudron: il se retrécit vers le bas, où il est pourvu d'une grille, par où tombent les cendres; plusieurs trous pratiqués sur les côtés servent à laisser échapper la fumée. En faisant usage de ce foyer économique, où l'on peut employer du bois, ou du charbon, un huitieme de bois suffira pour mettre en ébullition un pot ou un chaudron, qui exigerait sept fois autant de bois si on l'exposait à un feu nud. Pour rendre ce foyer plus solide, on fera bien de le lier avec du fil de fer. Dans le mémoire suivant, je traiterai plus au long ce sujet.

On rendrait aussi un service essentiel aux pauvres, en leur enseignant la maniere de préparer plusieurs mets sains et de bon goût, à un prix très-modique. Quelqu'important que soit pour le genre humaiu l'art du cuisinier, on ne s'est gueres empressé jusqu'ici de l'étudier comme il le mérite; la classe indigente qui en pourrait tirer les plus grands services, paraît surtout l'avoir négligé.

On ferait un présent très-utile à une pauvre famille, en lui donnant une espece de poëlon de fer garni de son couvercle, qui lui servirait de cuisine portative, et contribuerait beaucoup à ménager le combustible. Il faudrait joindre à ce don, une instruction sur la maniere de préparer deux ou trois especes de soupes ou de potages nourrissans. Il me semble qu'un pareil don suffirait presque seul pour tirer d'embarras un pauvre ménage et le rendre long-tems heureux, car, ce me semble, la dépense de sa nourriture pourrait être réduite à moitié, dès qu'il ferait un peu plus d'attention à la cuisson de ses alimens, et à l'emploi du combustible. Je n'ai pas besoin d'observer combien la situation d'une pauvre famille se trouverait améliorée, dès qu'elle parviendrait par ce moyen à réduire ses dépenses à moitié; elle verrait alors renaître ses espérances, prendrait peu-à-peu plus de courage et d'activité, et parviendrait insensiblement à se procurer son entretien d'une maniere moins pénible.

J'ai déjà observé que le seul moyen efficace de mettre fin aux souffrances des pauvres, était de les encourager et de les accoutumer au travail; d'après cela quiconque desire coopérer à ce but salutaire, ne doit jamais perdre de vue cet objet. Mais pour rendre le pauvre laborieux, il est nécessaire d'user de la plus grande circonspection, de peur qu'il ne soit rebuté par un traitement rigoureux ; le caractere des pauvres est ordinairement très-irritable, par suite de leurs souffrances et de leur situation désespérée. Ils se montrent méfians envers tous ceux avec lesquels ils vivent, mais principalement envers leurs supérieurs, au point qu'il est souvent difficile de les guérir de cette mauvaise disposition et de gagner leur confiance. Le moyen le plus sûr et le plus prompt d'atteindre ce but, c'est de les traiter avec la plus grande douceur, et je suis même d'avis de ne point en employer d'autre, à moins que l'on n'eût à faire à des vauriens incorrigibles, sur lesquels tous les autres moyens auraient été tentés inutilement. Par bonheur on rencontre rarement de ces individus, et depuis que je me suis occupé des pauvres, je n'en ai jamais vu de semblables.

A Munich, nous étions quelquefois obligés de menacer de la maison de correction les plus méchans ou les plus paresseux. Mais la crainte de voir réaliser cette menace, et surtout l'appréhension d'être chassé de la maison des pauvres, suffisaient presque toujours pour mettre à la raison les sujets les plus récalcitrans.

Si la force de l'exemple est capable de séduire

l'homme, de le conduire à la débauche et au vice, elle n'est pas moins efficace pour opérer le contraire et le rendre docile et laborieux. En partant de ce principe, on se persuadera aisément ce que j'ai dit plus haut; savoir combien il est important de rassembler tous les pauvres d'une ville, dans *un seul établissement*, où regne cette espece de contentement qui accompagne toujours les travaux utiles.

Je suis intimement persuadé, qu'aucun des pauvres de la maison de travail de Munich ne voudrait être désœuvré; et toutes les fois que j'ai visité les différentes salles de travail, je n'ai pas observé un seul fainéant, ou un individu qui semblât mécontent du travail dont il était chargé.

Je ne crois pas qu'on soit jamais dans la nécessité de forcer au travail les pauvres, qui pendant le jour s'arrêteront dans les salles. Lorsqu'ils y verront leurs pareils travailler avec application, l'émulation les portera bientôt à les imiter, et trouvant sous leur main les ustensiles et les matieres nécessaires, ils se verront insensiblement entraînés à prendre part à la scene active qu'ils auront devant les yeux; ils surmonteront la répugnance qu'ils avaient pour le travail, et insensiblement ils en prendront l'habitude.

C'est-là un des prodiges de l'exemple ; quiconque connaîtra l'art de se servir de ce mobile puissant et saisira l'occasion de l'employer avec succès, produira des changemens étonnans, non-seulement sur les mœurs et les caracteres de quelques individus, mais sur des nations entieres.

Dans la livraison des matieres écrues destinées à être travaillées par les pauvres, il faut employer la surveillance la plus exacte pour empêcher les abus et les fraudes qui pourraient s'y introduire. Cette surveillance est d'autant plus nécessaire, que les pauvres eux-mêmes sont souvent enclins à commettre de petits larcins, indépendamment des infidélités que l'on doit appréhender de la part des employés subalternes. Il serait superflu de s'appesantir ici sur cet objet, puisque dans le premier mémoire, où l'on trouve tous les détails concernant la maison de travail de Munich, j'ai suffisamment expliqué l'espece de surveillance qu'il faudrait introduire dans un établissement de ce genre.

Pour ce qui regarde la maniere de substanter les pauvres, en leur fournissant, de la cuisine publique, une nourriture saine et bien apprêtée ; je renvoie mes lecteurs au mémoire *sur les alimens, et surtout sur la nourriture des pauvres* ; ils y trouveront tout ce qui est relatif à ce sujet. Dans un autre mémoire sur l'*habillement des pauvres*, ils verront que l'on peut leur fournir à peu de frais des vêtemens bons et convenables. Tout ce qui regarde l'épargne du combustible, sera traité dans le mémoire sur la *maniere de ménager la chaleur.*

Avant de terminer ce mémoire, il me reste à parler d'une difficulté qui se présente souvent lorsqu'on procure du travail aux pauvres. Elle regarde principalement le débouché avantageux des matieres ouvrées; objet très-important et auquel on ne saurait donner trop d'attention. L'esprit de travail ne se conservera qu'autant que l'ouvrier tirera quelqu'avantage de son application; car en lui ôtant ce qu'il a gagné légitimement et avec beaucoup de peine, on le décourage et il ne travaille plus qu'avec répugnance. On parviendra peut-être durant un certain tems à le forcer de travailler à bas prix, pour ne pas mourir de faim, à moins qu'il ne trouve le moyen de se faire nourrir gratuitement aux dépens de sa paroisse, chose qu'il préferera sans doute tant que ce choix lui restera. Mais ce moyen d'extorquer le travail de l'ouvrier produira toujours les plus mauvais effets; on lui rendra le travail de plus en plus odieux; il s'accoutumera insensiblement à l'oisiveté et au vice, et finira par être à charge au public.

Si un ouvrier *mérite surtout le prix de son travail*, c'est lorsqu'il est indigent, qu'avec la plus grande application, il gagne à peine de quoi fournir à ses plus pressans besoins, et que par cette raison il devient un objet de compassion et de charité.

L'état déplorable d'une famille pauvre, qui lutte sans cesse avec la misere et les besoins, qui, privée de toute espece de jouissance et de plaisir, sans espérance de voir jamais la fin de ses calamités, est souvent en proie à la faim et aux maladies, affecte rarement ceux qui n'ont jamais éprouvé de pareils malheurs; les lecteurs me pardonneront de revenir aussi souvent sur ce sujet; mais à moins de connaître parfaitement à quel point la situation du pauvre est déplorable, on ne saurait s'intéresser vivement en faveur d'un établissement destiné à soulager ses maux.

En formant un établissement de travail pour les pauvres, soit public, soit particulier, il faut surtout prendre les mesures nécessaires pour qu'ils soient suffisamment payés de leur travail. Qu'on se garde bien de les payer trop largement, ce serait le moyen de faire naître une infinité d'abus; mais il est indispensable de les récompenser libéralement, sans cependant permettre que faute d'occupation ils s'adonnent à l'oisiveté. La maniere de les occuper dépend souvent des localités ou de leurs habitudes, de l'espece de travail dont ils sont capables, souvent aussi de la facilité avec laquelle on trouve un débouché pour les objets ouvrés.

Dans les établissemens d'une grande étendue, on rencontrera peu de difficultés pour occuper les pauvres. Car partout où le nombre des ouvriers est considérable, plusieurs travaux de manufactures peuvent s'exécuter avec beaucoup d'avantages, et les ouvrages que l'on y fabriquera ne manqueront jamais de débouché.

Dans un petit établissement circonscrit, comme celui d'un village ou d'une paroisse, il sera plus difficile de se défaire de la laine ou du lin qu'on y aura fait filer. Mais dans un établissement très-vaste, comme celui d'une province ou d'une grande ville, la vente des filatures sera toujours assurée, parce que les objets filés seront recherchés par les divers fabricans, qui les emploient ou pour des draps, ou pour d'autres étoffes. Les mêmes réflexions sont applicables à d'autres objets dont on fait usage dans les grandes manufactures, et qui pourraient être également exécutés par des pauvres dans une maison de travail. Ceci démontre clairement combien il est avantageux de donner à ces établissemens la plus grande étendue possible, condition très-importante, et sur laquelle j'ai toujours cherché à fixer l'attention de tous ceux qui voudraient tenter une pareille entreprise. Je suis cependant bien éloigné de faire la proposition de rassembler tous les pauvres d'un royaume ou d'un pays dans une seule maison, comme on voulait le faire à Naples; au moins l'inscription qu'on avait placée sur la façade d'un hospice, qui n'était point encore achevé, lorsque je visitai ce pays, me fait penser qu'on avait ce projet.

S'il était impossible de vaincre tous les obstacles qui pourraient s'opposer à la fondation d'un vaste établissement pour les pauvres, il faudrait alors que les particuliers se contentassent des moyens qui se trouveraient à leur disposition.

La maniere la plus simple et la moins coûteuse de secourir les pauvres, est de leur procurer des matieres écrues à filer, telles que du lin, du chanvre ou de la laine, et de leur payer la filature au prix de la place. On peut céder les matieres filées aux manufacturiers qui en font usage, ou bien on vend le fil en gros dans un endroit où cette marchandise est recherchée. Le détail de ce petit trafic n'est ni compliqué ni difficile, et chaque administrateur pourrait y suffire, surtout si l'on mettait en usage cette espece de tableaux imprimés que j'ai si souvent recommandés.

Aussitôt qu'on a acheté les matieres écrues, on

en fait des paquets d'un ou deux kilogrammes que l'on dépose dans le magasin. En donnant au fileur ou à la fileuse un de ces paquets, on leur délivre en même tems un billet de filature. Lorsqu'ils rapportent la matiere filée, on attache au paquet un extrait du billet, ou le billet de filature même, sur lequel on inscrit en même tems le nom du fileur ou de la fileuse. Ceci se fait pour mieux découvrir les friponneries du fileur, qui ne se manifestent que lorsqu'on devide le fil. Quand les ouvriers s'apperçoivent qu'on les surveille avec attention, ils renoncent bientôt à toute espece de tromperie. Cette même surveillance procure un autre avantage, qui influe en même tems très-efficacement sur l'amélioration de leurs mœurs et de leur caractere moral. En effet, dès qu'ils voient leurs supercheries découvertes, ils se trouvent pour ainsi dire forcés d'abandonner toute pensée qui aboutit à la fraude. Peu à peu ils se sentiront plus enclins au travail, ils jouiront d'une conscience pure, et ne craindront plus les regards d'autrui. Mais tant qu'ils se trouveront exposés à la tentation, tant que leur ame sera flétrie ou dégradée par la conscience d'une action criminelle, ils ne jouiront ni du contentement, ni du repos de l'ame, et seront par conséquent incapables de devenir des membres utiles de la société.

Qu'il me soit permis de faire une observation relativement à l'administration des établissemens de ce genre. On aurait tort d'accorder une confiance sans bornes aux personnes qui, par la nature de leurs fonctions, se trouvent plus que les autres exposées à la tentation, et par conséquent à commettre des fraudes.

On rencontre sans doute dans tous les pays des gens probes; mais j'ajoute, non sans éprouver un sentiment très-douloureux pour moi, que les résultats de mon expérience et de mes observations m'ont souvent démontré, qu'il est très-difficile de conserver *probes*, les personnes qui se trouvent continuellement exposées à des tentations.

Il y a cependant un moyen très-efficace, non-seulement de conserver probes ceux qui le sont, mais de rendre tels ceux qui ne le sont pas. Ce moyen consiste dans l'art de surveiller avec la plus grande exactitude les employés, au point qu'il leur soit impossible de commettre une malversation quelconque sans être découverts et punis; il est presque toujours praticable et présente rarement de grandes difficultés. Avec de l'adresse et des ménagemens, on peut le mettre en usage sans choquer ouvertement ceux que l'on surveille. Ce que je viens de dire regarde non-seulement les pauvres, mais toutes les personnes employées dans la gestion des affaires qui les concernent.

Je reviens encore une fois à mon sujet principal. Lorsque des particuliers veulent étendre leur libéralité au point d'établir une cuisine publique en faveur des pauvres, il serait à desirer que, faisant un pas de plus, ils établissent auprès de ces cuisines quelques pieces, où il fût permis aux pauvres de travailler pour leur propre compte, et où l'on enseignât à leurs enfans la lecture et l'écriture.

La première construction de ces salles, le chauffage et la lumière n'exigeraient pas une grande dépense; tandis que les avantages qui en résulteraient pour le bonheur des pauvres seraient incalculables, et intéresseraient tous les bons citoyens.

Fin du troisieme Mémoire.

TABLE DES MATIERES
CONTENUES DANS LE N°. 3.

PRINCIPES GÉNÉRAUX, SUR LESQUELS DOIVENT ÊTRE FONDÉS EN TOUT PAYS LES ÉTABLISSEMENS POUR LES PAUVRES.

Fin de la Table des Matières du n°. 3.

www.ingramcontent.com/pod-product-compliance
Lightning Source LLC
LaVergne TN
LVHW010618110826
845149LV00003B/970

* 9 7 8 2 0 1 1 3 4 7 0 0 8 *